So geht's zu auf dem Bauernhof
Aus der Reihe „Schauen und Staunen“

Coverfotos: Deere & Company, Maschinenfabrik Bernard Krone, Grimme Landmaschinenfabrik
Fotos: Fendt (8, 12 m.), Amazonen-Werke H. Dreyer GmbH & Co. KG (9 (2)), Landpix.de/Christian Mühlhausen (10 k., 11 o., 13 u (2)), Deere & Company (10 g., 12 k.)Kverneland (11 u. (2)), Fotolia/ ne-fall-photos (13 o.), Maschinenfabrik Bernard Krone GmbH (12 r.)
Pixelio (Maria Lanznaster (14 r.), M. Hauck (16 u.), Harald Gebel (16 u.)), Fotolia (Annette L. Rasmussen (14 l.), Rebel (15 k.), wrw (Freisteller), Twilight_Art_Pictures (17 l. o.), Frank-Peter Funke (17 r. o.)), Grimme Landmaschinenfabrik (15 g., 16 o. (2), 18 (4), 19 (2))
Agrarfoto (21 (2), 22 o., 23 (2), 24 l. u., 25 o.), Agrarmotive (22 u., 24 o. (2)), Agrarportal/Knick (25 u.), Landpix.de/Christian Mühlhausen (20 g., 23 r. o.), Milchindustrie (24 r. u.), Fotolia/Olga Lyubkina (20 k.)
Maschinenfabrik Bernard Krone GmbH (26 – 31), Pixelio (Pierre-Benker, Kurt-Bouda, siepmannH)
Deere & Company (35 g.), Becker www.gut-waldhof.de (37 m.), Bendfeldt www.ferienhof-bendfeldt.de (32 g.), Damlos www.ferienhof-damlos.de (36 u.), Hilgert www.theresienhof24.de (32 k. (2), 33 l., 37 g.), Holzer www.bengelhof.de (35 o.), Oswald www.seppenbauernhof.de (34 u., 36 l. (2)), Schelle www.schellen-hof.de (34 o., m.), Steffelin www.steffelin.de (36 m.), Vetter www.fuchsenhof.de (37 o.), Neumeier www.wieshof-neumeier.de (33 g.)
Pixelio (L.M. (38 g, 43 r. u.), mondzart-hohenlohe (38 o.), BirgitH (39 o.), knipseline (43 g.), Antje-Delater (38 m.), S. Hainz (40 g.)), Strube GmbH & Co. KG (40 u. (2), 41 o., 43 r., l.u.), ROPA Fahrzeug- und Maschinenbau (42 g., 43 o.), Kverneland (40 o.), Grimme Landmaschinenfabrik (43 o.), KWS Saat AG (39 u.(2), 41 u. (2))
Christoph Schmotz (44 – 45)

Illustrationen: Barbara Stachuletz
Redaktion: Ulrike Berger
Layout: Anja Schmidt
Repro: Meyle+Müller, Pforzheim
Druck und Bindung: OAN Leipzig GmbH

ISBN 978-3-8411-0065-8
Art.-Nr. VB110065
2. Auflage 2011

Besuchen Sie uns auf unserer Website:
www.christophorus-verlag.de

velber
kinderbuch

So geht`s zu auf dem Bauernhof

velber
kinderbuch

INHALT

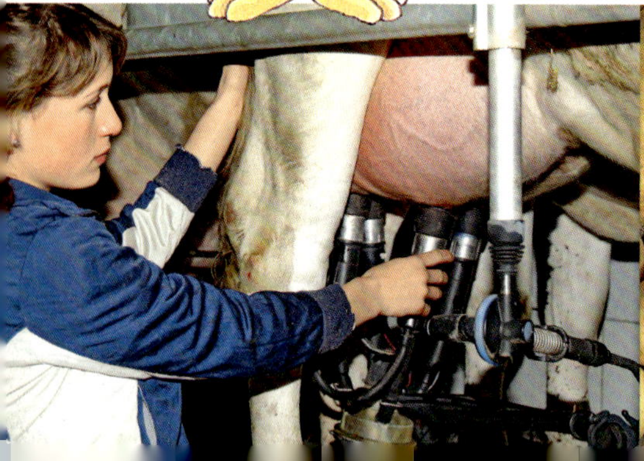

Was macht eine Zugmaschine?
Sie zieht Maschinen, die der Landwirt braucht. Sie heißt auch Schlepper, Traktor oder Trecker. Die Wörter Traktor und Trecker bedeuten ziehen. Andere sagen Bulldog. Weil die ersten Motoren wie Bulldoggen aussahen.

Auf dem Bauernhof geht's rund!

Rund ums Jahr gibt's auf dem Bauernhof viel zu tun: eggen, säen, düngen, ernten, pflügen ... Gut, dass es Traktoren und andere Maschinen gibt. Die helfen dem Landwirt bei der Arbeit.

Praktische Egge
Manche Eggen sind breiter als eine Straße. Und wie bringt der Traktor sie zum Feld? Auf der Straße klappt der Landwirt die Egge hoch und erst auf dem Feld herunter.

1

Der Frühling ist da! Der Landwirt fährt mit dem Traktor aufs Feld. Und was hängt am Traktor dran? Eine Egge. Wenn der Traktor die Egge über den Acker zieht, lockert sie die Erde. Wie macht sie das?

An der Egge drehen sich viele Scheiben. Etwa 400-mal in einer Minute. Die schneiden in den Boden und wenden die Erde, bis sie krümelig ist. So kommt Luft in den Boden. Der Boden ist bereit für die Saat.

Körnchen für Körnchen

Diesmal hat der Landwirt eine Sämaschine hinter den Traktor gehängt. Sie besitzt kleine Scheiben, die sich drehen und Rinnen in den Boden schneiden, und einen Behälter mit Samenkörnern. Die fallen immer im gleichen Abstand in die Furchen und immer gleich tief.

Liegen die Körner zu tief, brauchen sie zu lange zum Wachsen. Liegen sie zu hoch, erfrieren sie bei Frost – und werden leicht von hungrigen Vögeln und Mäusen entdeckt!

Wenn die Körner richtig liegen, geht's weiter mit einer Walze. Die drückt die Samenkörner in die Erde. Sonst würden sie schnell vom Regen weggespült.

2

Heute stinkt's dem Bauern

3

Du brauchst Vitamine und andere Nährstoffe, damit du wächst und gesund bist. Die nimmst du beim Essen und Trinken zu dir. Auch Pflanzen brauchen Nährstoffe. Die nehmen sie über die Wurzeln aus dem Boden auf. Damit sie genügend Nährstoffe bekommen, wird gedüngt.

Der Traktor zieht ein Fass mit vielen Schläuchen hinter sich her, aus denen flüssiger Dünger fließt. Das ist Gülle. Die besteht vor allem aus Kot und Urin von Kühen und Schweinen. Praktisch! Auf diese Weise werden Landwirte, die Vieh halten, die Gülle los.

4

Pflanzenschutzmittel werden mit einer Pflanzenschutzspritze ausgefahren. Aus vielen kleinen Düsen kommt nur so viel Mittel, wie unbedingt benötigt wird.

Erntezeit!

Der Landwirt baut Getreide für Brot, Zuckerrüben für Zucker und andere Pflanzen an. Zum Beispiel Gemüsemais oder Popcornmais oder Futtermais für Tiere. Für jede Pflanze gibt es eine passende Erntemaschine: für Getreide Mähdrescher, für Zuckerrüben Rübenroder, für Mais Maishäcksler.

Vorne hat der Mähdrescher große Messer. Die schneiden mehrere Reihen Getreide auf einmal ab. Der Drescher drischt die Getreidekörner aus der Pflanze. Dann pustet er sie in hohem Bogen in die Luft ... und auf einen Ladewagen.
Der fährt neben dem Mähdrescher her. Und wer zieht ihn? Klar, ein Traktor. Nun geht's ab zu einem Lager. Dort kippt der Ladewagen die Körner ab. Das Stroh wird in große Ballen gepresst.

5

6

So viele Maschinen
Ein Landwirt braucht viele Maschinen für seine Arbeit. Die kosten meist mehr, als er verdient. Darum gibt es Maschinenringe: Hier haben sich mehrere Landwirte zusammengetan und gemeinsam Maschinen gekauft.

7

Der Winter kommt

Im Winter mischt der Bauer das Stroh unter die Mais- oder Grassilage. Das schmeckt den Kühen und sie brauchen es, damit sie richtig verdauen können. Denn Kühe sind Wiederkäuer. Und was macht der Landwirt? Pause? Nein, er hängt den Pflug an den Traktor und fährt übers Feld.

Der Pflug wendet die Erdbrocken und lockert den Acker. So gelangt Luft in die Erde und sie kann mehr Regen aufnehmen. Der Pflug zerschneidet die alten Wurzeln und arbeitet Unkraut und Pflanzenreste in den Boden ein. Jetzt hat das Feld Ruhe bis zum Frühjahr. Dann kommt die Egge ...

Kolumbus und die Kartoffeln

Nachdem Kolumbus 1492 Amerika entdeckt hatte, kamen Kartoffeln von dort nach Europa. Zunächst hielt man sie für Zierpflanzen. Erst über 100 Jahre später hat man bei uns gemerkt: Die Knolle schmeckt toll und macht satt!

Wo kommen die Pommes her?

Kartoffelbrei, Kartoffelsalat, Kartoffelklöße, Kartoffelpuffer, Bratkartoffeln, Pommes frites, Kroketten, Chips: Kartoffeln gehören in vielen Ländern zu den wichtigsten Nahrungsmitteln. Aber wo wachsen Kartoffeln? Auf Bäumen, an Sträuchern oder in der Erde?

1

Was wächst da?
Lässt du Kartoffeln lange liegen, sprießen Keime. Kommen diese Kartoffeln in die Erde, wachsen neue Kartoffeln. Bauern nehmen dafür besondere Pflanzkartoffeln.

In manchen Gegenden heißen Kartoffeln Erdäpfel: Der Name verrät, dass sie in der Erde wachsen. Landwirte bauen Kartoffeln auf riesigen Feldern an. Sie säen keine Samen, aus denen Kartoffeln wachsen, sondern legen ganze Kartoffeln in die Erde. Und die vermehren sich dann.

Bei der Arbeit sind große Maschinen im Einsatz. Zuerst wird der Acker vorbereitet. Der Landwirt lockert den Boden, zieht breite Furchen und häuft daneben Erddämme auf. Darin können die Kartoffeln später gut geschützt wachsen.

Steine raus, Kartoffeln rein

Platz für die Kartoffeln
Auf einem Feld, das 100 Meter breit und 100 Meter lang ist, setzt ein Landwirt fast 40 000 Kartoffeln in die Erde! Kartoffeln brauchen Platz zum Wachsen. Ideal ist es, wenn sie 40 Zentimeter weit auseinanderliegen.

Manchmal sind im Frühjahr mehrere große Landmaschinen auf dem Feld unterwegs.
Die erste errichtet Erddämme.
Die zweite sammelt Steine aus den Dämmen: Sie schaufelt Erde auf, rüttelt und siebt sie und legt sie wieder ab. Beim Durchlauf durch diese Maschine fallen die Steine in einen Tank.

Sonst hätte der Landwirt später neben Kartoffelknollen jede Menge Steine in seiner Ernte.
An der dritten Maschine befindet sich ein großer Behälter mit Kartoffeln: Eine nach der anderen wird in den Damm gelegt. Alles automatisch.

Ein paar Wochen später sprießen grüne Pflänzchen aus dem Boden. Bald beginnen sie zu blühen: in Weiß oder Rosa.

Über der Erde und unter der Erde

4

5

Und unter der Erde? Da wachsen aus jeder Kartoffel viele lange Triebe. An einigen Stellen verdicken sich die Triebe: Hier, wo die Pflanze wichtige Nährstoffe speichert, entstehen neue Kartoffeln! Das Feld muss jetzt gut gepflegt werden: Der Landwirt hackt Unkraut raus, denn es raubt den Pflanzen Kraft. Und er düngt den Boden, damit die Kartoffeln genug Nährstoffe bekommen und schön dick werden.

Nach ein paar Monaten wird das Kartoffelkraut über der Erde welk. Jetzt müssten die Kartoffeln unter der Erde fast reif sein. Der Landwirt macht einen Test: Sind die Kartoffeln wirklich nicht mehr grün? Ist die Schale schön fest? Dann kann die Ernte losgehen.

Auch aufs Wetter kommt es an

Bei etwa 20 Grad wachsen Kartoffeln am besten. Ist es kälter als 10 Grad oder wärmer als 30 Grad, hören sie auf zu wachsen.

Der Kartoffelroder

Jetzt sind die Kartoffelroder an der Reihe. Manche werden von einem Traktor gezogen, andere können selber fahren. Auf so einem Kartoffelroder befindet sich ein großer Kartoffelbunker: In diesen Behälter passen mehrere Tausend Kilo.

Der Roder fährt über die Dämme und nimmt diese vollständig auf: mit allen Kartoffeln und der Erde drumherum. Die Kartoffeln laufen im Inneren des Roders über viele Transportbänder und Siebeketten: Hier wird die Erde herausgesiebt, sodass die Kartoffeln am Ende schon ziemlich sauber sind.

Und die olle Knolle?
Die alte Pflanzkartoffel hat sich vermehrt: Etwa 15 neue Kartoffeln sind aus ihren Trieben gewachsen. Kein Wunder, dass von der alten Knolle kaum noch was übrig ist.

6

Tolle Knolle

7

Nur schöne Kartoffeln, keine Steine und kein Kraut, sollen in den Bunker gelangen. Darum stehen Helfer auf dem Roder und sortieren aus.

So viele Kartoffeln

Etwa 5000 Sorten gibt es. Manche werden schon nach drei Monaten reif, andere erst nach sechs Monaten. Manche eignen sich perfekt für Pommes, andere besser für Kartoffelbrei.

Wenn der Bunker voll ist, kommen die Kartoffeln auf einen Traktoranhänger oder einen LKW – und ab damit. Gut sortiert und gesäubert, werden manche gleich auf dem Markt oder im Supermarkt verkauft. Oder zuerst in Kartoffelhallen gelagert und später verkauft. Andere werden in einer Fabrik verarbeitet: zum Beispiel zu Pommes oder Chips. Aus der Stärke, die in den Kartoffeln steckt, kann man noch viel mehr machen: Man nimmt sie, um Gummibärchen und Puddingpulver, Papier, Pappe und Stoff oder Joghurtbecher herzustellen. Eine tolle Knolle!

8

Wo wohnen die Kühe?
Manche Kühe leben das ganze Jahr im Stall. Es gibt aber auch Kühe, die fast immer auf der Weide sind. Andere sind mal drinnen, mal draußen.

Woher kommt die Milch?

**Im Supermarkt stehen Tüten und Flaschen mit Milch.
Auch Sahne, Joghurt, Quark und Käse werden aus Milch gemacht.
Wo kommt die Milch her?
Die meiste Milch stammt von Kühen.
Schau, wie es auf einem Bauernhof mit Kühen zugeht!**

Kann jede Kuh Milch geben?
Nein! Sie muss zuerst ein Kälbchen zur Welt bringen!
So wie Elsa.
Elsa hat gerade ein Kälbchen geboren.
Das Kälbchen kann gleich nach der Geburt stehen und trinken. Es findet sofort die Zitzen am Euter seiner Mutter und saugt Milch.

Nach ein oder zwei Tagen kommt das Kälbchen in einen eigenen Stall. Hier trinkt es zuerst noch Milch, nach ein paar Tagen frisst es schon Heu und Getreide.

Und Elsa? Schau, was sie macht.

Im Kuhstall

2

Elsa kommt wieder zu den anderen Kühen. Sie wohnen in einem modernen Laufstall. Da können sie sich bewegen, wie sie wollen, fressen, wann sie wollen, sich sauber machen und ausruhen.

Weil Elsa ein Kälbchen geboren hat, füllt sich ihr Euter immer wieder neu mit Milch. Das Euter wird voll und schwer. Darum wird sie jeden Tag zweimal gemolken.

Der Landwirt bereitet gleich am Morgen alles vor. Elsa und die anderen Kühe warten schon: Wann öffnet er endlich den Melkstand?

3

Und jetzt? Melken!

4

Nacheinander gehen die Kühe in den Melkstand. Weil kein Schmutz in die Milch gelangen darf, werden die Euter gesäubert und die erste Milch von Hand gemolken. Aus den vier Zitzen schießt ein kleiner Milchstrahl auf den Boden.

5

Nun kommt die gute Milch. Dafür wird Melkgeschirr angelegt. Das hat vier schmale hohe Becher. Für jede Zitze einen. Die Becher sind mit Gummi ausgepolstert, damit sie nicht wehtun. Die Becher saugen Milch aus den Zitzen. Die fließt durch Schläuche und Rohre in einen Milchtank.

Läuft keine Milch mehr aus dem Euter? Dann wird es vom Melkgerät befreit und sauber gemacht.

Wie viel Milch gibt eine Kuh?
Etwa 22 Liter am Tag. In den ersten sechs Wochen nach der Geburt des Kalbes können es sogar bis zu 50 Liter sein!

Die Milch kommt in die Molkerei

Durch Schläuche und Rohre fließt die Milch in einen Milchtank. Der kühlt die warme Milch, damit sie nicht sauer wird.

Spätestens am nächsten Tag kommt ein Tankwagen. Durch einen Schlauch wird die Milch hineingepumpt. Dann fährt er zum nächsten Bauernhof.

Wenn der Tank voll ist, fährt er zur Molkerei. Hier wird die Milch zuerst überprüft. Dann wird sie kurz erhitzt, damit sie länger hält, und abgefüllt.

Futter für die Kühe

9

Und was machen die Kühe? Nachdem sie gemolken wurden, verlassen sie den Melkstand auf der anderen Seite. Hintereinander.

Jetzt haben sie Hunger. Wer viel und gute Milch geben soll, braucht auch viel und gutes Futter. Also müssen sie fressen. Und am Abend geht's wieder zum Melkstand.

10

Was trägt die Kuh um den Hals?
Ein Halsband mit Sender. Das sendet dem Landwirt Infos über die Kuh: Wie viel Milch gibt sie? Wie viel frisst sie? Und wann?

Der Häcksler schneidet den Mais ab, hackt ihn sofort klein und wirft das Maisfutter auf einen Lastwagen.

Das Monster im Mais

Was ist gelb und grün, riesengroß und hat messerscharfe Zähne? Der Maishäcksler! Die Maschine sieht aus wie ein Monster. Vorne frisst sie den Mais, kaut ihn dann ganz klein und spuckt ihn in hohem Bogen wieder aus.

Kühe wollen auch im Winter leckeres Futter haben. Am liebsten fressen sie Mais. Der Mais wird im Sommer geerntet. Er muss ganz klein gehäckselt und dicht zusammengedrückt sein, damit er nicht verdirbt.
Dieses Maisfutter lagert der Bauer in einem großen Silo. Das ist eine Art Speicher. Dort kann er dann den ganzen Winter über Futter für seine Kühe holen.

Aber wie gelangt der Mais vom Feld in den Silo? Hier kommt das Maismonster zum Einsatz!

Das große Maismonster frisst sich durch das Feld.

Wie wächst das Monster?

Die Arbeit auf dem Feld erledigt eine große Maschine, der Maishäcksler. Er wird in vielen Arbeitsschritten in einer Fabrik gebaut. Das dauert mehrere Tage. Welche Teile gehören zu dem Häcksler?
Alles fängt mit ganz viel Stahl an. Der Stahl wird gereinigt und lackiert. Dann werden die einzelnen Teile zusammengebaut: Motoren, Tank, Messer, Räder und vieles mehr.

1

Ganz viele Stahlteile hängen an Bändern.

2

Hier wird der Stahl in einem Bad lackiert: monstergrün!

3

Durch diese Rohre fließt später Öl: Monsterblut!

4

Einer von zwei Motoren des Häckslers, das Monsterherz!

Riesenmaschine
Das Maismonster wird acht Meter lang und vier Meter breit. Kaum vorstellbar, oder? Nimm ein Metermaß und miss damit dein Zimmer aus. Wer ist größer?

Ein Monstergesicht

Wenn die Kabine montiert ist, hat das Monster sogar ein Gesicht! Oben an der Kabine sind Scheinwerfer. Mit diesen Augen strahlt das Maismonster in die Dunkelheit hinein. Sogar Scheibenwischer gibt es!

5

6

Das Monster in Arbeit

Nach einigen Tagen ist der Häcksler fertig gebaut. Nun kann er hinaus aufs Maisfeld und arbeiten: Maispflanzen abschneiden, ins Maul schieben, zerquetschen, klein hacken und zum Schluss das Futter auf einen Lastwagen werfen: Ab geht's in den Silo!

8

Die Stängel werden ins große Maul geschoben.

7

Die Monsterzähne packen jede Maispflanze und schneiden sie ab.

9

Das Monster hat ein volles Maul: Hier werden die Maisstängel zerquetscht.

10

So sieht das Monstermaul aus, wenn keine Pflanzen drin sind: lauter Walzen mit scharfen Zacken.

11

Diese Messer zerhacken die Pflanzen. Sie werden jeden Tag automatisch scharf gemacht!

Übrig bleiben nur noch die klein gehäckselten Maispflanzen: Das ist bestes Winterfutter für Kühe!

12

Wo gibt's Bauernhof-Ferien?
Ferien auf dem Bauernhof gibt's in ganz Deutschland. Einfach im Internet danach suchen oder auf www.landtourismus.de schauen.

Der Bauer schärft den Pflug. Und die Kinder können ganz genau zuschauen!

Ein Ausflug aufs Feld: Alle Kinder und auch die Erwachsenen passen in den Anhänger.

Komm mit, wir fahren aufs Feld!

Hast du schon einmal auf einem Bauernhof Urlaub gemacht? Das ist etwas ganz Besonderes, da kannst du Traktor fahren, ein Stalldiplom erwerben und vieles mehr. Ferien auf dem Bauernhof machen Riesenspaß und sind auch richtig spannend.

Ein großer Bauernhof besteht aus vielen Gebäuden: Wohnhäuser, Ställe …

Auf dem Bauernhof lebt der Bauer mit seiner Familie. Wer wohnt noch auf einem Bauernhof? Welche Tiere sind hier zu Hause?
Das ist auf jedem Bauernhof anders. Manche Höfe haben ganz viele Kühe. Andere halten vor allem Schweine. Wieder andere Bauern haben nur wenige Tiere. Dafür bauen sie Getreide, Gemüse und Obst an.

Komm mit und schau, was ihr alles auf einem Bauernhof erleben könnt!

Kühe melken

Der Tag auf dem Bauernhof beginnt früh. Denn die Kühe müssen gleich am Morgen gemolken werden. Nach der langen Nacht warten sie schon auf den Bauern. Ihr Euter ist prall gefüllt mit Milch und sehr schwer.
Die Kinder gucken genau zu, wie die Bäuerin die Kühe melkt.

Wenn die Kühe gemolken sind, bekommen sie Futter. Erst wenn alle Tiere satt sind, gibt's Frühstück für die Menschen.

Wer im Melkstand zuschauen will, muss früh aufstehen!

Die kleinen Kälbchen sind sehr zutraulich.

Ein besonderes Erlebnis ist der Almauftrieb. Da werden die Kühe nach einem langen Winter im Stall auf die Sommerwiesen getrieben

Den Stall sauber machen

4

Wo viele Tiere wohnen, ist auch viel sauber zu machen. Der alte Mist muss jeden Tag raus aus den Ställen und neues Stroh hinein.
Und frisches Futter wollen die Kühe auch. Der Bauer fährt mit dem Traktor Heu in den Stall. Die Kinder dürfen helfen. Mit der langen Heugabel schaufeln sie das Heu in die Futerrinne.

Heu ist getrocknetes Gras mit Wiesenkräutern. Das fressen die Kühe gern.

Der Bauer hat Futter geladen. Mit dem Traktor fährt er es in den Stall.

Die Bäuerin macht die Butter selbst.

5

Lagerfeuer

Am Nachmittag macht die Bäuerin aus der Kuhmilch Butter. Dann bereitet sie mit den Kinder Stockbrot vor. In einer riesigen Schüssel kneten alle zusammen den Teig.
Gegen Abend holt der Bauer die Kinder mit dem Traktor ab und fährt mit ihnen aufs Feld. Dort brennt schon ein großes Lagerfeuer!

6

Auf dem Feld knistert ein großes Lagerfeuer. Es gibt selbst gemachtes Stockbrot!

Auf zum Teich

Nicht jeden Tag haben die Kinder Lust mitzuhelfen. Manchmal ist es einfach zu heiß. Dann gehen sie an den Teich. Sie bauen sich ein Floß und gleiten damit über das Wasser.
Oder sie bleiben auf dem Hof und spielen mit den Kaninchen.
Auf dem Bauernhof wird es nie langweilig. Und jeder Ferienhof hat etwas anderes zu bieten.

7

Auf dem Hof gibt es auch Katzen, einen Hund und viele Kaninchen!

In Deutschland werden Zuckerrüben angebaut. In anderen Gegenden, zum Beispiel in der Karibik, wächst auf den Feldern Zuckerrohr.

Wo wächst der Zucker?

Ob Kuchen, Schokolade, Marmelade oder Brot: In vielen Lebensmitteln steckt Zucker. Auch in Nahrung, die gar nicht süß schmeckt! Zucker gehört neben Salz zu den wichtigsten Gewürzen auf der Welt. Aber wo kommt der Zucker eigentlich her?

Zucker wächst auf einem Feld. Natürlich wachsen da keine Pflanzen mit leuchtend weißen Würfelzucker-Früchten. Bei uns in Europa gewinnt man den Zucker aus Zuckerrüben.

Kaum zu glauben: Die weißen Zuckerkörnchen stammen aus großen Rüben, die in der Erde wachsen! Keine andere Pflanze bei uns enthält so viel Zucker wie die Zuckerrübe.

1

2

Zuckerrüben sehen aus wie große weiße Karotten. Und sie sind voll mit Zucker!

Viele bunte Samenkugeln

Im März oder April, wenn der Boden schon etwas warm ist, sät der Bauer die Zuckerrüben aus.
Jedes Samenkorn hat vorher in der Samenfabrik einen bunten Mantel bekommen. Darin stecken schützende Stoffe.
Die Sämaschine zieht zuerst eine Rinne.
Dann sorgt eine Pumpe in der Maschine dafür, dass die Samen einzeln aus der Maschine fallen. „Einzelkornsaat" heißt das. Die Sämaschine hält dabei einen festen Abstand ein: Die Samen liegen immer genau 20 Zentimeter auseinander. Denn wenn aus den Samen dicke Rüben werden, brauchen sie Platz!

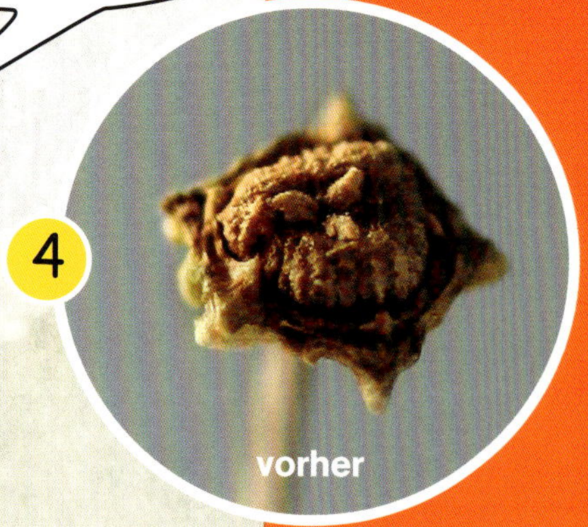

Die Samen bekommen eine bunte Hülle. Sie werden „pilletiert". Das Wort kannst du dir merken: Der Samen sieht wie eine Pille aus!

Die Rübe wächst

Es dauert kaum zwei Wochen, schon sind die ersten Pflänzchen zu sehen. Zunächst wachsen nur Blätter. Eine einzelne Planze kann bis zu 60 Blätter haben! Die Blätter werden groß und dick. Das ist gut so. Denn sie fangen viel Sonnenlicht ein.
Die Pflanze schickt das Sonnenlicht als Energie in ihre Wurzeln. Und nach zwei Monaten beginnt dort die Rübe zu wachsen. Sie wandelt das Sonnenlicht aus den Blättern in Zucker um. Die Rübe wird dabei immer größer.

6

Am Anfang kommen nur zwei Blättchen heraus.
Am Ende sind bis zu 60 Blätter an einer Rübe!

7

Im September ist die Rübe groß genug. Die Ernte kann beginnen.

Die Ernte

Der Bauer erntet die Rüben mit einer großen Maschine, dem Zuckerrübenroder.
Der Roder schneidet zuerst den Rüben die Blätter ab. Dann hebt er die Rüben mit seinen Greifscheren vorne vorsichtig aus der Erde und befördert sie ins Innere der Maschine. Dort werden die Rüben gereinigt.
Die Erde fliegt sofort wieder aufs Feld zurück. Die Rüben bleiben nur kurz im Roder, dann werden sie am Feldrand abgelegt.

8

Nach kurzer Zeit ist der Rübenroder voll mit Rüben. Dann legt er die gereinigten Rüben neben das Feld auf einen großen Berg.

Riesenrübenberge

Am Feldrand entsteht bei der Ernte ein hoher Rübenberg. Doch die Zuckerfabrik kann nicht alle Rüben auf einmal verarbeiten. Deswegen werden die Rübenberge zugedeckt. So bleiben die Rüben auch bei Kälte geschützt.

Wenn die Rüben zur Fabrik sollen, kommt die Rübenmaus zum Einsatz. Das ist eine Maschine mit zwei großen Greifarmen an jeder Seite. Mit diesen Armen greift sie in den Rübenberg und lädt in einem Schwung massenweise Rüben auf den Lastwagen.

10

Die Rübenmaus packt die Rüben.

Die Rüben lagern am Feldrand unter einer Folie.

Wie wird die Rübe zu Zucker?

In der Fabrik werden die Rüben klein geschnitten und gekocht. Dabei fließt der Zucker heraus. Der Sirup wird mehrfach gereinigt. Am Ende kommen weiße Zuckerkristalle heraus!

11

Ein Wagen fährt mit den Rüben zur Fabrik.

Joghurt, selbst gemacht

Sicher hast du auch schon oft Joghurt aus dem Supermarkt gegessen. Aber hast du auch schon mal selbst Joghurt gemacht? Das schmeckt besonders lecker mit frischer Milch!

Erhitze die Milch auf 40 Grad und rühre drei Esslöffel Joghurt dazu. Erwärme den Backofen auf 50 Grad und stelle den Topf 30 Minuten hinein. Dann schaltest du den Backofen aus und lässt den Topf darin stehen. Warte über Nacht ab.

Du brauchst:

- 250 ml Vollmilch
- 3 Esslöffel Naturjoghurt (nicht mit Wärme behandelt)
- einen Topf

1

Was passiert?

Joghurtbakterien fühlen sich bei Temperaturen um 40 Grad besonders wohl. Dann vermehren sie sich schnell. Während sie sich vermehren, verbrauchen sie den Milchzucker und verwandeln ihn zu Milchsäure. Die Säure macht das Milcheiweiß dick. Joghurt entsteht!

2

Mit einem Thermometer kannst du erkennen, wann die Milch die richtige Temperatur hat.

3

Wenn Milch sauer wird
Säure lässt das Milcheiweiß immer dick werden. Das kannst du auch mit einem Spritzer Zitronensaft in einem Esslöffel Milch ausprobieren. So erhältst du aber keinen Joghurt, sondern nur dicke saure Milch.

In der Reihe „Schauen und Staunen“ sind bereits folgende Titel erschienen:

So wird die Rübe zu Zucker
Wie Lebensmittel entstehen

ISBN 978-3-86613-504-8

So baut der Biber die Burg
Tiere und ihre Häuser

ISBN 978-3-86613-501-7

So kommt die Welt auf den Globus
Wie alltägliche Dinge entstehen

ISBN 978-3-86613-502-4

So forscht der Astronaut
Berufe: Wer macht was?

ISBN 978-3-86613-503-1

So werden Küken, Kitz und Äffchen groß
Wie Tierkinder erwachsen werden

ISBN 978-3-86613-513-0

So kommt das Wasser in die Leitung
Wie der Alltag funktioniert

ISBN 978-3-86613-514-7

So kommt die Kastanie auf den Baum
Pflanzen und Tiere im Jahreslauf

ISBN 978-3-86613-519-2

So kommt die Tomate in die Flasche
Wie Lebensmittel entstehen

ISBN 978-3-86613-520-8

So wächst Klopapier
Wie Dinge aus Papier entstehen

ISBN 978-3-86613-538-3

So kommt der Motor unter die Haube
Wie ein Auto entsteht

ISBN 978-3-86613-539-0

So kommt der Tunnel in den Berg
Rund um die Baustelle

ISBN 978-3-86613-544-4

So geht's zu in der Pferdeschule
Training, Pflege, Reiten

ISBN 978-3-86613-545-1